Bibliografische Information der Deutschen Nationalbibliothek:

Die Deutsche Bibliothek verzeichnet diese Publikation in der Deutschen National-
bibliografie; detaillierte bibliografische Daten sind im Internet über http://dnb.d-
nb.de/ abrufbar.

Impressum:

Copyright © 2016 GRIN Verlag, Open Publishing GmbH
Druck und Bindung: Books on Demand GmbH, Norderstedt Germany
ISBN: 9783668520011

Anonym

Jugendkriminalrecht und Jugendkriminologie. Ein Überblick über die Jugendgerichtshilfe

GRIN Verlag

Inhaltsverzeichnis

1 Einleitung...1

2 Die Jugendgerichtshilfe...1

3 Rechtliche Grundlagen der Jugendgerichtshilfe..2

4 Aufgaben der Jugendgerichtshilfe im jugendgerichtlichen Verfahren........................3

    4.1 Jugendhilfeleistungen.. 3

    4.2 Ermittlungs- und Entscheidungshilfe..3

    4.3 Haftentscheidungshilfe - Haftverschonung... 4

    4.4 Teilnahme an der Hauptverhandlung..5

    4.5 Stellungnahme zu beabsichtigten Erteilungen von Weisungen......................5

    4.6 Überwachung von Sanktionen...5

    4.7 Betreuung der Verurteilten...6

    4.8 Diversion...6

5 Rollenkonflikt Jugendhilfe und Justiz (SGB VIII und JGG) 7

6 Ausblick und Fazit zur Auflösung des Rollenkonflikts...............................8

Literaturverzeichnis... II

1. Einleitung

In der folgenden Hausarbeit für Modul 13 „Jugendkriminalrecht und Jugendkriminologie" befasse ich mich mit der Jugendgerichtshilfe (JGH).

Im ersten Teil meiner Arbeit geht es, zur Aufklärung, um eine allgemeine Erläuterung der JGH. Im Anschluss daran gehe ich auf die rechtlichen Grundlagen der JGH ein und beziehe mich hierbei auf die Gesetzestexte des Jugendgerichtsgesetzes (JGG) und des achten Sozialgesetzbuches (SGB VIII). Im zweiten Teil meiner Ausarbeitung befasse ich mich, unter Berücksichtigung des §38 JGG, mit den Aufgaben der JGH. Im dritten Abschnitt meiner Hausarbeit beschäftige ich mich mit dem bestehenden Rollenkonflikt der Jugendgerichtshilfe und der Justiz. Abschließend strebe ich Überlegungen und Begründungen zur Auflösung des Spannungsverhältnisses zwischen JGG und SGB VIII an.

2. Die Jugendgerichtshilfe

Wenn junge Menschen im Alter von 14-18 Jahren oder junge Erwachsene bis 21 Jahren mit dem Gesetzt in Konflikt geraten, können sie oder ihre Erziehungsberechtigten sich an die Jugendgerichtshilfe (JGH) wenden. Im Rahmen des Jugendstrafverfahrens ist die JGH die wichtigste Institution der Sozialen Arbeit und im gesamten Strafverfahren des Jugendlichen Ansprechpartner_in. Die JGH gehört zu den gesetzlichen Aufgaben des Jugendamtes (JA), ist Teil der Jugendhilfe und befolgt deren Kriterien. Eine wichtige Aufgabe ist, die jugendhilferechtliche Perspektive in der Hauptverhandlung zur Geltung zu bringen. Sie begleitet junge straffällige Menschen und unterstützt die Jugendgerichte und die Jugendstaatsanwaltschaft durch Stellungnahmen, Berichte und Entscheidungshilfen (vgl. Janssen/Riehle 2013: 154).

Die JGH gilt als gesetzliche Pflichtaufgabe der Jugendämter. Die Mitwirkung des Jugendlichen/Heranwachsenden und seiner Eltern ist freiwillig und kann somit nicht erzwungen werden . Die Nichtannahme dieses Angebotes der Jugendhilfe darf sich nicht zum Nachteil für den Jugendlichen/Heranwachsenden auswirken (vgl. Janssen/Riehle 2013: 156).

3. Rechtliche Grundlagen der Jugendgerichtshilfe

Die JGH ist in §38 JGG gesetzlich verankert. Rechtsgrundlage für das Handeln des Jugendamtes ist allerdings §52 SGB VIII. Das heißt, dass die Aufgaben der JGH in den Verantwortungsbereich des kommunalen Jugendhilfeträgers eingebunden sin d(vgl. Trenczek/Tammen/Behlert 2011: 429). Wie bereits genannt, gehört die JGH zu den gesetzlichen Aufgaben des Jugendamtes. Die §§ 2 Abs.3 Nr.8, 52 SBG VIII i.V.m. §38 Abs.2 JGG besagen, dass das JA im jugendgerichtlichen Verfahren mitwirkt, um die erzieherischen, sozialen und fürsorgerischen Gesichtspunkte zur Geltung zu bringen (vgl. Dollinger/Schabdach 2013: 175). Die JGH kann von anerkannten Freien Trägern ausgeübt werden (vgl. §76 Abs.1 SGB VIII). Das JA behält jedoch für die Erfüllung aller Aufgaben die Verantwortung (Janssen/Riehle 2013:155). Bei einem Strafverfahren gegen Jugendliche muss die JGH im gesamten Verfahren und zum frühestmöglichen Zeitpunkt von den zuständigen Gerichten herangezogen werden (vgl. §104 Abs.1 Nr.2 JGG). Die JGH wird herangezogen, indem die Polizei oder die Staatsanwaltschaft die JGH von der Einleitung des Strafverfahrens gegen einen Jugendlichen/Heranwachsenden zu unterrichten hat (vgl. Nix/Möller/Schütz 2011:155). Bei Heranwachsenden gilt entsprechend die Tätigkeit der JGH gemäß §107 JGG. Bei Jugendlichen und Heranwachsenden wird in der Regel bei dem zuständigen Gericht des Wohn-Aufenthaltsortes des Jeweiligen angeklagt. Das Jugendamt des Gerichtsbezirks, bei welchem Anklage erhoben wurde, ist zuständig für die Stellung einer JGH (vgl. §143 GVG). Jedoch steht §87b Abs. 1 i.V.m. §86 Abs. 1-4 SGB VIII, der den Aufenthaltsort des Jugendlichen bzw. Heranwachsenden oder dessen Eltern als zuständig bestimmt, dagegen (vgl. Janssen/Riehle 2013: 155). Für Jugendliche/Heranwachsende die eine Strafe verbüßen, ist der Richter zuständig, dem die Aufgaben als Vollstreckungsleiter obliegen (vg. §42 Abs.1 Nr.3 JGG). Von Bedeutung für den Zeitpunkt der örtlichen Zuständigkeit des JA ist die Anklageerhebung. Zur Wahrung einzelner Aufgaben der JGH kann im Rahmen der Amtshilfe ein anderes JA herangezogen werden, wenn das Verfahren in einem anderen Gerichtsbezirk stattfindet (vgl. Janssen/Riehle 2013:155).

4. Aufgaben der Jugendgerichtshilfe im jugendgerichtlichen Verfahren

Die JGH erfüllt Aufgaben der Jugendhilfe (vgl. §2 Abs.3 Nr.8 und §52 SGB VIII). Sie erfüllt die Aufgaben für den Bereich der Jugendstrafrechtspflege. Sie nimmt die Aufgaben in Zusammenarbeit mit den Trägern der freien Jugendhilfe wahr (vgl. §38 Abs.1 JGG, §3 Abs.3 S.1, §§52,76,79 SGB VIII). Die JGH gehört nicht der Justiz an (vgl. Janssen/Riehle 2013:155). Die JGH erbringt einerseits Leistungen der Jugendhilfe als „Hilfen zur Erziehung" (§2 Abs.2 Nr.4 und 5, §§27ff., 41 SGB VIII), andererseits Dienstleistungen für die Justiz (§38 Abs.2 S.2,5,7 JGG). Hierdurch kommt es zu einer Doppelfunktion der JGH (vgl. Janssen/Riehle 2013: 155). Neben den Funktionen, den Jugendlichen/Heranwachsenden und seine Eltern zu beraten, auf die Verhandlung vorzubereiten und über den Verlauf und die möglichen Konsequenzen des Verfahren aufzuklären, gehören die in Kapitel 4.1-4.8 beschriebenen Aufgaben der JGH (vgl. Trenczek 2013: 385).

4.1 Jugendhilfeleistungen
§§ 27ff., 52 Abs.2 SGB VIII

Jugendhilfeleistungen haben Vorrang. Das JA muss frühestmöglich prüfen, ob für den Jugendlichen/Heranwachsenden Leistungen der Jugendhilfe in Betracht kommen, oder eine geeignete Leistung bereits eingeleitet oder gewährt wurde. Das JA muss den Staatsanwalt oder Richter davon informieren. Somit kann geprüft werden, ob die Leistung der Jugendhilfe ein Absehen von Verfolgung oder eine Einstellung des Verfahrens ermöglicht (vgl. §52 Abs.2 SGB VIII). Leistungen der Jugendhilfe sind die verschiedenen Formen der Hilfen zur Erziehung gemäß §§27ff. SGB VIII. Es können aber auch unbenannte Erziehungshilfen sowie alle übrigen Leistungen der Jugendhilfe in Betracht kommen (vgl. Nix/Möller/Schütz 2011:169f.).

4.2 Ermittlungs- und Entscheidungshilfe
§38 Abs. 2 S. 1 und 2, Abs. 3 S.1 JGG

Die Aufgabe der Ermittlungs- und Entscheidungshilfe der JGH sieht vor, die erzieherischen, sozialen und fürsorglichen Gesichtspunkte im Strafverfahren vor dem Jugendgericht zur Gel-

3

tung zu bringen. Ausserdem soll die JGH die Persönlichkeit des Jugendlichen/Heranwachsenden sowie seine Entwicklung und seine Umwelt analysieren. Hierzu gehören die Lebens- und Familienverhältnisse, der Werdegang des Jugendlichen/Heranwachsenden sowie das bisherige Verhalten. Hierfür sollen Eltern, Lehrer und/oder Arbeitgeber angehört werden (vgl. Böhm/Feuerhelm 2004:125). Da bereits die Ermittlung außerhalb des Strafverfahrens nicht vorhersehbare Sanktionen mit sich bringen kann (bspw. Bestrafung durch die Eltern oder Verlust des Ausbildungs- oder Arbeitsplatzes) gibt es Einschränkungen. Das heißt, dass unter anderem Erziehungsberechtigte, Arbeitgeber und Ausbildende nur soweit wie nötig angehört werden. Primäre Quelle zur Erhebung von Sozialdaten ist der Jugendliche selbst (vgl. Nix/Möller/Schütz 2011: 159). Ein weiterer wesentlicher Gegenstand der Ermittlungstätigkeit ist die zu treffende Entscheidung über die strafrechtliche Verantwortlichkeit des Jugendlichen/Heranwachsenden (vgl. §3 JGG). Die Mitarbeiter_innen der JGH müssen vor der Staatsanwaltschaft oder dem Gericht Stellung bezüglich der Anwendung des Jugend-oder Erwachsenenstrafrechtes beziehen (vgl. Nix/Möller/Schütz 2011: 158f.). Die JGH äußert sich zu den Maßnahmen, die zu ergreifen sind. Diese Maßnahmen sind nicht nur die Sanktionen des JGG, sondern jegliche Reaktionen auf Jugenddelinquenz. Allerdings beginnt bereits hier eine Debatte darüber, ob die JGH unter sozialpädagogischen Gesichtspunkten Sanktionen vorschlagen soll oder darf. Das JA und somit die JGH hat nicht die Aufgabe, strafrechtliche Sanktionen im Jugendgerichtsverfahren vorzuschlagen. Sie solle sich laut §38 Abs.2 S.2 JGG lediglich zu den zu ergreifenden Maßnahmen äußern. Für die strafrechtliche Bewertung und Sanktionierung ist nicht die JGH, sondern das Jugendgericht verantwortlich (vgl. Trenczek 2010: 249).

4.3 Haftentscheidungshilfe – Haftverschonung
§§ 38 Abs. 2 S.3, 72a JGG

Die JGH muss in Haftsachen beschleunigt über die Erkenntnisse und Ergebnisse ihrer Nachforschungen berichten (vgl. §38 Abs.2 S.3 JGG). Der Erlass eines Haftbefehls muss der JGH mitgeteilt werden. Die JGH ist außerdem unverzüglich von dessen Vollstreckung zu informieren. Nur durch die unverzügliche Information, die umgehende Ermittlungsarbeit und den Bericht der JGH können die gewonnenen Kenntnisse in die Haftentscheidung mit dem Ziel, Untersuchungshaft zu vermeiden, einfließen (vgl. Nix/Möller/Schütz 2011: 164f.). Die Haftvermeidung als Aufgabe der JGH beinhaltet ausserdem Tätigkeiten im Vorfeld der Hauptverhandlung. Hierzu zählen ambulante Angebote und stationäre Leistungen der Jugendhilfe. Die Angebote und Leistungen (bspw. Die Unterbringung in einer stationären Wohngruppe) können im Vorfeld der Hauptverhandlung zur Einstellung des Verfahrens gemäß §§45,47 JGG oder in der Hauptverhandlung für den Jugendlichen/Heranwachsenden zu einer Haftalternative führen (vgl. Klier/Brehmer/Zinke 2002:119f.).

4.4 Teilnahme an der Hauptverhandlung
§§ 38 Abs.2 S.2, 50 Abs.3 JGG

Die JGH gilt im jugendrechtlichen Strafverfahren als „grundsätzlich notwendiger Verfahrensbeteiligter". Das heißt, dass sie zur Teilnahme an der Hauptverhandlung verpflichtet ist, wenn das Gericht nicht darauf verzichtet. Der Jugendgerichtshilfebericht der JGH ist grundsätzlich obligatorisch, gilt nicht als Beweismittel, Zeugenaussage, Urkunde oder Sachverständigengutachten, sondern dient nur der Information der Staatsanwaltschaft und Verteidigung für dessen Beurteilung und letztendlich zur gerichtlichen Entscheidung (vgl. Ostendorf 2015: 81f.).

4.5 Stellungnahme zu beabsichtigten Erteilung von Weisungen
§38 Abs.3 S.3 JGG

Vor der Erteilung von Weisungen muss die JGH gehört werden. Im Falle einer in Betracht kommenden Betreuungsweisung, soll die JGH sich äußern, wer als Betreuungshelfer bestellt werden soll. Die Anhörungspflicht gilt auch bei der Erteilung von Weisungen im Sinne des §45 JGG (vgl. Nix/Möller/Schütz 2011: 167). An der Stelle, ob und inwieweit die JGH einen Sanktionsvorschlag zu unterbreiten hat, entsteht ein Streitfall zwischen JGH und Justiz (vgl. Dollinger/Schabdach 2013: 177).

4.6 Überwachung von Sanktionen
§38 Abs. 2 S.5 und 6 JGG

Zu den Aufgaben der JGH gehört die Überwachung der Erfüllung richterlicher Weisungen und Auflagen, soweit kein Bewährungshelfer damit beauftragt wurde. Problematisch erweist sich der Wortlaut des §38 Abs.2 S.6 JGG, in dem es heißt „Erhebliche Zuwiderhandlungen" muss die JGH dem Richter mitteilen. Denn eine solche Mitteilung kann Sanktionen in Form des Ungehorsamarrestes mit sich ziehen. Die JGH muss vor einer Mitteilung alle Hilfemöglichkeiten ausschöpfen, um die Erfüllung der Weisungen sichern zu können (vgl. Trenczek 2003: 28f.).

4.7 Betreuung der Verurteilten

§38 Abs.2 S. 7,8,9 JGG

Die JGH übt die Betreuung und Aufsicht des Verurteilten aus, wenn der Richter keine andere Person dafür beauftragt. Die Betreuung und Überwachung während der Bewährungszeit ist grundsätzlich Aufgabe des Bewährungshelfers. Die JGH arbeitet eng mit ihm zusammen. Diese vom Gesetzt geforderte Zusammenarbeit von JGH und Bewährungshelfer beschränkt sich auf die Vermeidung von Doppelbetreuung und widersprüchlicher Hilfemaßnahmen (vgl. Nix/Möller/Schütz 2011: 168). Die JGG hat die Aufgabe, während des gesamten Verfahrens, demnach auch während des Vollzugs, mit dem Jugendlichen in Verbindung zu bleiben (vgl. §38 Abs.2 S.9 JGG). Des weiteren sollen sie während des Vollzugs Hilfestellungen bei der Aufrechterhaltung von Kontakten bzw. beim Knüpfen von Kontakten zur Lebenswelt des Jugendlichen/Heranwachsenden leisten und bei der Vorbereitung der Entlassung behilflich sein. Hierzu gehören zum Beispiel das Finden einer Wohnung oder eines Arbeits-/Ausbildungsplatzes (vgl. Nix/Möller/Schütz 2011: 168f.).

4.8 Diversion

Die Aufgabe der JGH, Wege und Möglichkeiten für straffällig gewordene Jugendliche/Heranwachsende mit angemessenen außergerichtlichen Reaktionen zu finden, wird als Diversion bezeichnet. In der Praxis hat sich gezeigt, dass ambulante Maßnahmen wie Betreuungswesen, Soziale Gruppenarbeit und der sog. Täter-Opfer-Ausgleich die traditionellen Sanktionen wie Geldbuße, Jugendarrest oder Jugendstrafe weitestgehend ersetzen können (vgl. Klier/Brehmer/Zinke 2002: 95).

5. Rollenkonflikt Jugendhilfe und Justiz (SGB VIII und JGG)

Nach den vorangegangen Aufgaben der JGH stellt sich die Frage, auf welcher Seite die Vertreter_innen der JGH stehen. Steht die JGH auf Seiten des Gerichts oder des Jugendlichen/Heranwachsenden? Sind die Mitarbeiter_innen primär der Hilfe für das Gericht und der Staatsanwaltschaft verpflichtet oder haben sie vordergründig eine Betreuungsfunktion für den straffällig gewordenen Jugendlichen? (vgl. Nix/Möller/Schütz 2011:171f.). Die Handlungsziele und Handlungslogiken des Jugendgerichtsgesetzes und SGB VIII (Kinder- und Jugendhilfe) sind unterschiedlich. Im SGB VIII dominiert das Prinzip der Freiwilligkeit und Hilfe. Im JGG dominieren Verpflichtungen und Zwang (vgl. Janssen/Riehle 2013:158). In den letzten Jahren wurde eine intensive Diskussion über die Rolle der JGH geführt. Schon der Begriff „Jugendgerichtshilfe" ist umstritten. Im SGB VIII wird statt von „Jugendgerichtshilfe" von „Jugendhilfe in Verfahren nach dem Jugendgerichtsgesetz" gesprochen (vgl. §52 SGB VII).

Im Gesetz ist einerseits eine Ermittlungs- und Kontrollaufgabe und andererseits die Betreuungsfunktion vorgesehen. Dies allein führt zur Kollision. In dieser Konstellation gilt die JGH als „Doppelagentin". Sie muss sowohl dem Beschuldigten als auch der Justiz Hilfe gewähren. Kommt es zum Falle einer Diversion, wie dem Täter-Opfer-Ausgleich, muss die JGH sogar drei unterschiedliche Interessen wahrnehmen. Die Betreuungssituation sollte auf Grund der beruflichen Herkunft der JGH aus der Sozialen Arbeit die primäre Aufgabe der JGH sein (vgl. Ostendorf 2015: 79f.). Verständlich, dass Jugendliche/Heranwachsende Kritik an der JGH üben. Dies scheint Ausdruck der Enttäuschung, dass der eigentliche Helfer vor Gericht zu einer „unerwünschten Maßnahme oder gar Strafe verhilft" (vgl. Böhm/Feuerhelm 2004: 129). Auch verständlich ist, dass Sozialarbeiter_innen, die als Jugendgerichtshelfer arbeiten, dieses Problem als Rollenkonflikt wahrnehmen. Sie stehen als Sozialarbeiter_innen auf der Seite des Jugendlichen und bei Gericht auf Seiten der „repressiven Obrigkeiten" (vgl. Böhm/Feuerhelm 2004: 129f.). Das Jugendgericht geht zwar in erster Linie von dem Wohl des Jugendlichen/Heranwachsenden aus, in die Entscheidungen fließen aber auch Überlegungen ein, die aus der Sicht der Sozialarbeiter_innen falsch erscheinen. Das Vertrauen, dass die Vertreter der JGH für die Erziehungs- und Hilfstätigkeiten brauchen wird dadurch missbraucht. Der Vertrauensbruch zum Jugendlichen/Heranwachsenden lässt sich eventuell durch offenes Erörtern der Position des Jugendgerichtshelfers beim ersten Gespräch mit dem Beschuldigten mildern. Dadurch fühlen sich der Jugendliche/Heranwachsende und seine Eltern im Nachhinein nicht übergangen. Ausserdem sollte die JGH dem straffällig gewordenen Jugendlichen und allen Auskunftspersonen stets vermitteln, dass sie nicht zu Auskünften verpflichtet sind. Des weiteren kann der Jugendgerichtshilfebericht mit dem Jugendlichen/Heranwachsenden und seinen Eltern besprochen werden, um eventuelle Einwände des Beschuldigten zu berücksichtigen. Zur Integration förderlicher Angebote und Maßnahmen ist das Festhalten von sympathischen und günstigen Verhaltensweisen des Beschuldigten wichtig (vgl. Böhm/Feuerhelm 2004: 130f.). Ein Zeugnisverweigerungsrecht wurde für Sozialarbeiter_innen nicht anerkannt.

Für den Jugendgerichtshelfer wird hinsichtlich seiner Ermittlungen kein Zeugnisverweigerungsrecht anerkannt, da das Gericht für seine Entscheidungen auf einen vollständigen Bericht über den straffällig gewordenen Jugendlichen/Heranwachsenden angewiesen ist (vgl. Böhm/Feuerhelm 2004: 131). In Fällen in denen die Bedeutung der Mitteilung an das Gericht gering, der Schaden des Vertrauensbruchs gegenüber dem Klienten aber groß ist, kann „die Versagung der Aussagegenehmigung vor Gericht" durch den Vorgesetzten des Jugendgerichtshelfers sinnvoll sein (vgl. Böhm/Feuerhelm 2004: 131). Wenn der Sozialarbeiter, der als Jugendgerichtshelfer berichtet, den Jugendlichen/Heranwachsenden in einer sonstigen Jugendhilfe betreut, ist er nicht dazu verpflichtet, die im Zusammenhang mit der Jugendhilfeleistungen gewonnenen Kenntnisse mitzuteilen (vgl. Böhm/Feuerhelm 2004: 131).

6. Ausblick und Fazit zur Auflösung des Rollenkonflikts

Die Aufgabe der Kinder- und Jugendhilfe umfasst Leistungen durch öffentliche und freie Träger zugunsten junger Menschen und deren Familie. Die Kinder- und Jugendhilfe verfolgt die Ziele, Jugendliche/Heranwachsende zu fördern, sie bei der Entwicklung zu eigenverantwortlichen und gemeinschaftsfähigen Personen zu unterstützen sowie zu schützen und positive Lebensbedingungen für sie zu schaffen. Auch die Anwendung des Jugendstrafrechtes soll am Erziehungsgedanken ausgerichtet sein.

Um den Rollenkonflikt auflösen zu können, sollten zunächst einfache Grundprinzipien, denen die Kommunikation vorangeht, beachtet werden. Hierzu zählt es einen respektvoller Umgang zu wahren, Handlungslogiken nachzuvollziehen und Bereitschaft für einen Perspektivenwechsel zu zeigen. Die Überlegung, sich in die Rolle der jeweils anderen Profession hineinzuver-

8

setzen kann helfen, die andere Seite zu verstehen. Ausserdem ist die Darlegung des eigenen Auftrags und der eigenen Ziele grundlegender Baustein einer gelingenden Zusammenarbeit.

Eine gute gelingende Kommunikation und Zusammenarbeit zwischen Jugendhilfe und Justiz zu Gunsten der Jugendlichen sollte als unerlässlich gelten. Denn die Jugendlichen/Heranwachsenden stehen im Fokus. Der gegenseitige Austausch von JGH und Justiz ist somit unumgänglich. Dieser könnte beispielsweise durch regelmäßige Treffen oder Qualitätszirkel ausgeweitet werden. Wichtig ist auch, dass die JGH und die Justiz die jeweiligen Zielsetzungen kennen, versuchen diese in ihr Handeln miteinzubeziehen und dadurch eine interdisziplinäre Entscheidung treffen. Bei der Zusammenarbeit verschiedener Institutionen, wenn auch mit unterschiedlichen Handlungslogiken, sollten die Vorzüge dieser gemeinsamen Arbeit mehr in den Fokus gerückt und die unterschiedlichen Auffassungen diskutiert werden.

Auch die Überlegung gemeinsamer Fortbildungen könnten zur Verbesserung der Zusammenarbeit von JGH und Justiz führen.

Die Frage, auf welcher Seite die JGH letztendlich steht, ob sie primäre Hilfe für das Gericht und die Staatsanwaltschaft ist oder die Betreuungsfunktion für den straffällig gewordenen Jugendlichen einnimmt, könnte sich durch die Zusammenarbeit von JGH und Justiz lösen und an Bedeutung verlieren. Trotzdem sollte die Justiz sehen und verstehen, dass die JGH ihre berufliche Herkunft in der Sozialarbeit hat und aufgrund der Einbindung in die allgemeine Betreuungsfunktion des JA und der Rücksicht auf die von der Pädagogik erkannten Bedenken, auf Kriminalität mit Zwang zu reagieren, die Betreuungsfunktion an erster Stelle steht. Die gegenseitige Akzeptanz spielt hierbei eine erhebliche Rolle.

Abschließend lässt sich zusammenfassen, dass nur das Zusammenwirken beider Professionen zu einer angemessenen und effizienten Reaktion auf Straftaten Jugendlicher/Heranwachsender führen kann und nur dadurch weitere Straftaten verhindert werden können.

Literaturverzeichnis

BÖHM, Alexander / FEUERHELM, Wolfgang (2004): Einführung in das Jugendstrafrecht. 4. Auflage, München: Verlag C.H. Beck.

DOLLINGER, Bernd / SCHABDACH, Michael (2013): Jugendkriminalität, Wiesbaden: Springer VS.

JANSSEN, Helmut / RIEHLE, Eckart (2013): Lehrbuch Jugendstrafrecht. Eine Einführung für die Soziale Arbeit, Weinheim und Basel: Beltz Juventa.

KLIER, Rudolf / BREHMER, Monika / ZINKE, Susanne (2002): Jugendhilfe in Strafverfahren – Jugendgerichtshilfe. Handbuch für die Praxis Sozialer Arbeit. 2., neu bearbeitete Auflage, Regensburg und Berlin: Walhalla.

NIX, Christoph / MÖLLER, Winfried / SCHÜTZ, Carsten (2011): Einführung in das Jugendstrafrecht für die Soziale Arbeit, München: Reinhardt UTB.

OSTENDORF, Heribert (2015): Jugendstrafrecht. 8. völlig überarbeitete Auflage, Baden-Baden: Nomos.

TRENCZEK, Thomas (2003): Die Mitwirkung der Jugendhilfe im Strafverfahren. Konzeption und Praxis der Jugendgerichtshilfe, Weinheim u.a.: Beltz.

TRENCZEK, Thomas (2010): Risikoeinschätzung psychosoziale Diagnose der Jugendhilfe (auch) im Jugendstrafverfahren. In: Zeitschrift für Jugendkriminalrecht und Jugendhilfe, Nr.3, Jg. 21, 249-262.

TRENCZEK, Thomas / TAMMEN, Britta / BEHLERT, Wolfgang (2011): Grundzüge des Rechts. Studienbuch für soziale Berufe. 3. überarbeitete und erweiterte Auflage, München: Reinhardt UTB.

TRENCZEK, Thomas (2013): Mitwirkung der Jugendhilfe im Strafverfahren – Jugendgerichtshilfe. In: Dollinger, Bernd/ Schmidt-Semisch (Hrsg.) (2013): Handbuch Jugendkriminalität. Kriminologie und Sozialpädagogik im Dialog. 2., durchgesehene Auflage, Wiesbaden: VS Verlag, 381-390.

Achtes Sozialgesetzbuch (SGB VIII), vom 11. September 2012, (BGBl. I S. 2022), i.d.F. vom 03. Mai 2013, (BGBl. I S. 1108).

Jugendgerichtsgesetz (JGG), vom 11. Dezember 1974, (BGBl. I S. 3427), i.d.F. Vom 26. Juni 2013, (BGBl. I S. 1805).